Oscuridades

por Alan Oak

Traducción al español y la edición por
Julieta Corpus
Mariana Hernández-Rivera

Otras Voces Publishing
Brownsville, Texas
2013

Ameraliyah \ä-'mer-ä-lē-'yä\

Noun   1. una persona Americana surgiendo de la mezcla única de individuos, idiomas y culturas, viviendo predominantemente en el Valle del Río grande.

ameraliyan \ä-'mer-ä-lē-'yän\

Adjective   1. de o relacionado a Ameraliyah.

Otras Voces Publishing
2685 N. Coria St., Ste. C-6
Brownsville, TX 78520

ISBN-10: 0-9857377-2-7
ISBN-13: 978-0-9857377-2-6

Library of Congress Control Number: 2013952027

La cubierta fue diseñada por Alan Oak.

Preludio

Cada noche padezco esta muerte sin muerte …

La noche, horrenda, como las tinieblas de Alan Oak.

Estas son las cortas travesías hacia lo oscuro, lo tenebroso, la locura que inventa el hombre para sí mismo. Que él crea para otros y sus deseos perversos, su odio, su decadencia, paso a paso hacia ese sótano de oscuro olvido, de donde tal vez jamás regresaremos.

Alan es verdaderamente un científico demente quien, con cortas costuras poéticas, ha lanzado a la humanidad hacia la oscuridad de *Oscuridades*.

Disfruten del trabajo breve pero mortífero de Alan, o vayan a la tumba sin saber de lo que se han perdido.

— Juan Manuel Perez, 2011-2012 Poeta Laureado por la Asociación de Poetas de San Antonio & El Poeta del Chupacabras Original

Prefacio

Uno imagina que los poetas escriben completamente desde sus propias mentes, como científicos dementes. Esto es falso. Primero, el poeta se para sobre los hombros de gigantes que han estado antes. Algunos de ellos son Edgar Allan Poe, Charles Baudelaire, Emily Dickinson, Basho, Li Po, el crítico inglés Fred Botting, y una serie de otros poetas, cuentistas, y pensadores, vivos y muertos.

Para la elaboración de ésta colección, le doy las gracias especialmente a mis compañeros de la editorial Otras Voces, Brenda Nettles Riojas y Gustavo Morales, por su apoyo, aliento, y crítica. Y sobre todo, le doy gracias muy especialmente a mi equipo de traducción y edición: Rossy Evelin Lima Padilla, quien tradujo las páginas preliminares de esta colección; a Mariana Hernández-Rivera y Julieta Corpus, quienes hicieron a mis "poemitas" gritar en español.

Finalmente, me siento tentado a agradecer a una o dos personas, antiguos conocidos, quienes inspiraron estas tinieblas, pero dejaré que este trabajo los reconozca en su propia manera torcida ...

Mi ama, la lengua española, me ordena a servirla con mi lengua poética.

My mistress, the Spanish language, orders me to serve her with my poetic tongue.

El mal se desliza en mi corazón, el mal sutil, listo para atacar, apoderándose de su presa, difundiendo su veneno.

Evil slithers in my heart, subtle evil, quick
to strike, seize its prey, spread its poison.

Ten cuidado de los seis venenos mortales de la reclusa mujer-reptil: calumnias, burlas, sarcasmo, menosprecio, evasivas y silencio.

Beware the six deadly venoms of the reclusive reptile-woman: slander, sneers, sarcasm, slights, stonewalling, and silence.

Ven aquí, chupa mi sangre envenenada. Chupa aquí, amante, hasta que hayas terminado. Pero mientras te azotas contra el suelo, yo estaré ahí mirándote y sonriendo.

Come here, suck my poisoned blood.
Suck here, lover, till you're done.
But as you thrash upon the ground,
I'll stand above you smiling down.

Ella se come el veneno, mastica lentamente, lame la pasta amarga de los dientes y las encías, traga en seco— mira a la cámara, desafiante.

She eats the poison, chews slowly, licks bitter paste from teeth and gums, swallows dry—stares at the camera, defiant.

Este odio—un collar en mi cuello, una cadena en tu mano, pesada y ardiente—pero yo sigo unido a tí. Y agradecido.

This hatred—a collar on my neck, a chain
    in your hand, heavy and burning—
but I am still bound to you. And grateful.

Coloqué su cadáver en mi cripta enramada, deslizé mi corazón masacrado en el ataúd junto a ella, y me acurruqué sobre este, un cachorro en la almohada de su amante.

I set her corpse in my bowered crypt, slipped my butchered heart in the coffin beside her, and curled atop, a puppy on his mistress' pillow.

Mi musa no me habla. Ella me inspira con su silencio sepulcral, con la nostalgia inútil con la que ella me miraba.

My muse doesn't speak to me. She inspires me with grave silence, with the useless nostalgia that she shows me.

La momia, sin lágrimas, siente la pirámide pesada, considera una vida sin vida en la oscuridad sin fin.

The mummy, tearless, feels the pyramid atop, contemplates life without life in darkness without end.

Nubes monótonas y del gris más oscuro ahogan la luz, ocultando el sol. No hay escape. Sentarse a pensar en su muerte y en un pasado sin sentido. Ahogarse.

Clouds in drab and darkest grey drown
down the light, cloaking the sun. No
escape. Sit and ponder your demise and
a pointless past. Drown.

Hubo un hombre quien muchos años atrás atrancó las puertas, dejándose caer entre los cadáveres y cosas rotas, lamentándose, "¡Apiádense de mí! Apiádense de mí!

There was a man who many years before
had barred the doors and slumped among
the corpses and broken things, wailing,
"Pity me! Pity me!"

La manada de cabras me guía, mi bastón inservible. Ellas fluyen como un río, o un mar en ebullición. Me ahogaré.

The herd of goats leads me, my staff useless. They flow like a river, or a boiling ocean. I will drown.

Nuestros cuerpos arden a lo largo del Estigia; grasa blanca, derretida y ceniza de hueso en emulsión. Burbujas grasosas remolineando y partiéndose en la corriente del río más gris.

Our bodies burn along the Styx;
melted white fat and bone ash emulse.
Greasy bubbles swirl and break in the
current of the gray, gray river.

Me estoy asfixiando, me estoy
sofocando con las arenas ardientes
de tu amor muerto, arenas negras de
un corazón negro.

I am asphyxiating, suffocating from the burning sands of your dead love, black sands of a black heart.

Ofrezco cempasúchil y vino fuerte para nuestro matrimonio muerto, oraciones por la memoria de nuestro amor, nuestro vínculo roto.

I offer marigolds and strong wine
for our dead marriage, prayers for our
remembered love, our broken link.

Fría navidad: El vaquero solitario tiembla, bebe café y recuerdos amargos junto a la fogata, sorbiendo a ambos hasta el fondo.

Icy Christmas day: The solitary cowboy,
shivers, drinks bitter coffee and memories
    beside the campfire, sucks both
        down to dregs.

Ella es una vieja lesión, una vez torcida, un dolor en mañanas frías, una puñalada inesperada mientras camino solo en pasillos oscuros.

She is an old injury, once twisted, an ache
on cold mornings, an unexpected stab
while walking dark hallways alone.

Mi corazón está vacío, un cristal destrozado sobre el piso, los mil pedazos reflejando tus ojos.

My heart is empty, a glass smashed
upon the ground, the thousand pieces
reflecting your eyes.

Sin ser llamados, sueños de tí vienen a mí por la noche, mi amor, sueños en los que mi corazón roto ha sanado.

Unbidden dreams of you come at night, my love, dreams in which my broken heart is healed.

"¿Qué hay, entonces, al otro lado del sufrimiento?" preguntó el Estudiante. "Ah," dijo el Maestro, "Nada en lo absoluto".

"What lies, then, on the other side of suffering?" asked the Student. "Ah," said the Master, "Nothing at all."

Eventualmente—las aguas turbias quietas están, el barro rojizo se asienta, y todo es claro y tranquilo una vez más.

Eventually—turbid waters still, ruddy mud settles, and all is clear and quiet again.

Somos los Budas rotos, brillando a través de nuestros defectos para iluminar las cuevas montañescas.

We are the broken buddhas,
shining through our flaws to illuminate
the mountain caves.

"No más", dice él, "Nadie más a quien rescatar, nadie más a quien matar. No más." Adolorido, él arroja la armadura derrotada, la espada, "Caballero Galahad" no más.

"No more," he says, "None to rescue,
none to slay. No more." Smarting, stiff, he
lays down the beaten armor, sword,
"Sir Galahad" no more.

Esta foto está rota y olvidada como una lápida vieja. Todo—incluso el amor, incluso la memoria—se desvanece y se hace polvo.

This is photo is cracked and forgotten like an old tombstone. Everything—even love, even memory—fades to dust.

Cuando el rito se acaba y es expurgada
toda su vileza, ¿hay alguien que
lo recuerda, al chivo expiatorio,
como un niño que llora?

When the rite is done and all their vileness
expunged, is there one who remembers
him, the sacrificial goat, as a crying kid?

A solas por la mañana en el lecho matrimonial, Pigmalión se despertó para ver su forma pétrea, fría, dándole la espalda, sin moverse.

Alone in the morning marriage bed,
Pygmalion awoke to see her stony form,
cold, turned away, unmoving.

Ridículamente, él esperó que su diosa de piedra se suavizara para que al fin descendiera de su alto pedestal y me besara con sus labios como flores.

Foolish, he waited for his stone
goddess to soften, to descend at last from
the lofty plinth and kiss him with her
lips like flowers.

Cada noche muero esta muerte viviente—
un zombi andante, desgastándose hasta
la putrefacción. Tiras carnosas caen como
corteza, y con cada una, un recuerdo tuyo.

Each night I die this undead death—
a zombie walking, yet eroding into rot.
Fleshy strips fall like bark, and with each
one a memory of you.

Muerte. La Muerte y el sufrimiento están por todas partes. No hay respuesta. Existe la belleza, también. Algunos días, eso no es suficiente.

Death. Death and suffering are everywhere.

No answer. There is beauty, too.

Some days, that's not enough.

Mar, mar negro … cielo negro, negro—
no hay brújula, no hay puerto, sin viento
para una virada—en la oscuridad
deambulo, este mundo es sólo negro.

Black, black sea ... black, black sky—
no compass, no harbor, no wind for a
tack—in blackness I wander, this world's
only black.

Lloro desde el fondo de un pozo, donde sólo ecos responden. La luz, más allá de mi alcance, no es más que un pinchazo a la oscuridad.

I cry from a well-bottom; only echoes reply. The light, beyond reach, is but a pinprick to the dark.

Había una vez, un zombi sonriente que deambulaba, amablemente hablando y actuando, ajeno al agujero donde su corazón había estado.

Once upon a time, a smiling zombie ambled about, amiably speaking and doing, oblivious to the hole where his heart had been.

La Muerte espera dentro mi vientre
creciente, enredando y desenredando una
cuerda anudada.

Death waits inside my growing belly,
tangling and untangling a knotted cord.

Enterrado profundamente en las raíces de robles viejos se encuentra un cráneo, gris y fracturado, lleno de tierra. Si el árbol se talara, ¡los horrores que relataría!

Deep in buried old oak roots lies a skull,
gray and broken, filled with earth. Should
the tree be felled, the horrors it would tell!

Su cabeza en una caja de sombreros—
oculta debajo de la cama, ella a
quien aborrezco—tanto tiempo distantes,
sosteniéndola en la memoria—
rostro que amo, lo he intercambiado—
ella hizo trizas mi corazón.

Head in a hatbox—hid under bed, her that
  I hate—so long apart, longingly
linger—face that I love, took it in trade—
  she hacked out my heart.

¿Cómo pagar aquellas mil cortadas?
¿De igual forma? ¿Una herida irregular?
¿O alejándose?

How do you repay the thousand cuts?
In kind? One ragged gash? Or walk away?

Inclino mi cuello suavemente, como una mujer seductora. Labios en forma de mohín, carnosos y rojos—huellas de colmillos de vampiro. He estado enviciado durante treinta años.

I bend my neck softly, alluring as a woman. Puckered holes, pouty and red—the tracks of vampire fangs. I've been hooked for thirty years.

Odio. Deja que se quemen las telarañas laberínticas y la paja antigua adentro. Deja que mi alma sea suelo ennegrecido, rico y listo para florecer. Déjame odiar.

Hate. Let it burn the mazy cobwebs and old, grass chaff inside. Let my soul be blackened soil, rich and ready to bloom.

Let me hate.

Azufre oscuro brillando negro en mi centro; el incienso sulfuroso se arrastra por el suelo, murmurando oraciones malvadas de venganza, de reivindicación.

Dark brimstone glows black at my center,
sulfurous incense crawls the floor,
whispering wicked prayers for vengeance,
for vindication.

Loco, desnudo, agachado, él gruñe y mordisquea un cartílago demasiado grande, quiebra los huesos, corta los pedazos, traga.

Mad, naked, crouched, he growls and
gnaws the too-giant gristle, cracks bones,
cuts chunks, swallows.

Las teclas repiquetean en lo negro. Letras que confrontan—fantasmas furiosos brillando en la oscuridad, blancos como los huesos. La bruja las llama, voces de la mente oculta.

Keys rattle in the black. Letters confront—
angry ghosts in a glowing, bone-white
frame. The witch calls them, voices of the
hidden mind.

Preface

One imagines that poets write completely out of their own heads, like mad geniuses. This is false. First, a poet stands on the shoulders of giants who've gone before. Some of those are Edgar Allan Poe, Charles Baudelaire, Emily Dickinson, Basho, Li Po, British critic Fred Botting, and a host of other poets, storytellers, and thinkers, living and dead.

For the construction of this collection, I give special thanks to my partners at Otras Voces Publishing, Brenda Nettles Riojas and Gustavo Morales, for their support, encouragement, and criticism. And most importantly, I give super-duper special thanks for my translation and editing team: Rossy Evelin Lima Padilla, who translated the front matter of this collection; and Mariana Hernández-Rivera and Julieta Corpus, who made my "poemitas" scream in Spanish.

Finally, I am tempted to thank one or two persons of former acquaintance who inspired these darklings, but I'll let the work acknowledge them in its own crooked way ...

Foreword

Each night I die this undead death …

The night horrific like Alan Oak's *Darklings*.

These are short voyages into the obscure, the dark, the madness that man invents for himself. That he creates for others and their perverse pleasures, their hate, their descent, step by step into that basement of dark oblivion, from where we may never return.

Alan is that truly mad scientist who, with brief, poetic stitches, has cast humankind into the darkness of his *Darklings*.

Enjoy Alan's short but deadly work, or go to your death never knowing what you missed.

—Juan Manuel Perez, 2011-2012 Poet Laureate, San Antonio Poets' Association & The Original Chupacabra Poet

Ameraliyah \ä-ʾmer-ä-lē-ʾyä\

    Noun

        1. an American people arising from the unique mixture of peoples, languages, and cultures, living predominantly in the Rio Grande Valley.

ameraliyan \ä-ʾmer-ä-lē-ʾyän\

    Adjective

        1. of or relating to Ameraliyah.

Otras Voces Publishing
2685 N. Coria St., Ste. C-6
Brownsville, TX 78520

ISBN-10: 0-9857377-2-7
ISBN-13: 978-0-9857377-2-6

Library of Congress Control Number: 2013952027

The cover was designed by Alan Oak.

Darklings

by Alan Oak

Spanish Translation and Editing by
Julieta Corpus
Mariana Hernández-Rivera

Otras Voces Publishing
Brownsville, Texas
2013